AF592562

3 Décembre 1900.

V

VENTE DU LUNDI 3 DÉCEMBRE 1900

HOTEL DROUOT, SALLE N° 11

à deux heures

OBJETS D'ART

ET

D'AMEUBLEMENT

PORCELAINES

MEUBLES, BRONZES

TAPISSERIES

EXPOSITION PUBLIQUE

LE DIMANCHE 2 DÉCEMBRE 1900

DE 1 HEURE 1/2 A 5 HEURES 1/2

COMMISSAIRE-PRISEUR

Me P. CHEVALLIER

10, rue Grange-Batelière

EXPERTS

MM. MANNHEIM

7, rue Saint-Georges

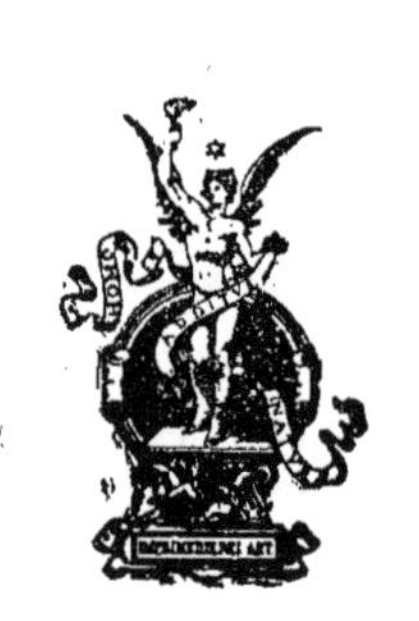

CATALOGUE

DES

OBJETS D'ART

ET

D'AMEUBLEMENT

BIJOUX, OBJETS DE VITRINE, ORFÈVRERIE

PORCELAINES DE SAXE & DE SÈVRES

PENDULES & BRONZES

SIÈGES & MEUBLES

TAPISSERIES

DONT LA VENTE AURA LIEU

HOTEL DROUOT, SALLE N° 11

Le Lundi 3 Décembre 1900

à deux heures

COMMISSAIRE-PRISEUR

Me P. CHEVALLIER

10, rue Grange-Batelière, 10

EXPERTS

MM. MANNHEIM

7, rue Saint-Georges, 7

EXPOSITION PUBLIQUE

Le Dimanche 2 Décembre 1900, de 1 h. 1/2 à 5 h. 1/2

CONDITIONS DE LA VENTE

Elle sera faite au comptant.

Les acquéreurs paieront *dix pour cent* en sus des adjudications.

L'exposition mettant le public à même de se rendre compte de l'état et de la nature des objets, il ne sera admis aucune réclamation une fois l'adjudication prononcée.

Paris, — Imp. de l'Art, E. Moreau et Cie 41, rue de la Victoire.

DÉSIGNATION

ORFÈVRERIE

OBJETS DE VITRINE

1 — Douze fourchettes à huîtres, argent, manches ivoire.

2 — Douze petites cuillers, argent doré.

3 — Trente-six couteaux, manches ivoire, dont vingt-quatre à lames d'acier et douze à lames d'argent, et service à découper de deux pièces, manches ivoire.

4 — Deux couteaux, lames argent, manches nacre.

5 — Neuf pièces, argent : service à découper, service à salade, pelle à glace, service à hors-d'œuvre.

6 — Porte-huilier, argent, avec burettes, cristal.

7 — Deux moutardiers, argent et cristal.

8 — Quatre salières, argent et cristal.

9 — Louche, passe-thé et sept petites cuillers, argent.

10 — Onze couverts, argent.

11 — Deux couverts à dessert, argent.

12 — Paire de flambeaux en argent, à décor de feuillages.

13 — Paire de flambeaux en argent, forme balustre, à base octogone. XVIIIe siècle.

14 — Saucière avec plateau, argent, décor de palmettes. Époque Empire.

15 — Broche en forme de feuilles avec pendilles, pavée de brillants montés or et argent.

16 — Petite broche, analogue, pavée de roses montées or et argent.

17 — Paires de boucles d'oreilles formées chacune d'un brillant monté or et argent.

18 — Quatre couteaux, dont deux à lames d'argent doré, avec deux écrins en galuchat.

19 — Petite boîte, cornaline et or, ornée d'une armoirie.

20 — Petite boîte, émail.

21 — Boîte plate et longue en or émaillé bleu, avec bordure à fond blanc, et chiffre formé de petits diamants et encadré de stras.

22 — Coupe en jade gris de la Chine, en forme de fruit, au milieu de branchages ajourés et fleuris pris dans la masse; socle en bois sculpté.

23 — Miniature ronde sur ivoire : Sujet galant, à deux personnages en costumes Louis XVI.

24 — Miniature oblongue : Portrait de femme, en buste, en corsage bleu décolleté; cadre en cuivre.

25 — Bague-marquise en cuivre, ornée d'un camée et petites perles.

26 — Broche en bas or filigrané, ornée de petites perles et de petites roses.

27 — Deux bracelets, velours noir, ornés chacun de deux coulants et d'une agrafe en or.

28 — Deux petits fermoirs, petites perles, montées bas or.

29 — Petite plaque Louis XVI, émail sur or, à sujet allégorique.

30 — Châtelaine, avec accessoires, en cuivre doré, à décor de rinceaux et personnages. XVIIIe siècle. Écrin en chagrin.

FAIENCES ET PORCELAINES

31 — Deux corbeilles, faïence.

32 — Cafetière et porte-huilier orné de fleurs, faïence.

33 — Deux statuettes de personnages debout, terre vernissée jaune.

34 — Quatre vases variés, poterie antique.

35 — Neuf soucoupes, porcelaines variées.

36 — Six compotiers variés, Chine et Indes.

37 — Onze assiettes creuses, Japon, décor bleu et rouge, personnages.

38 à 40 — Cinquante-trois assiettes variées, Chine et Japon.

41 — Sucrier avec couvercle et trois tasses, décor de fleurs, ancienne porcelaine tendre de Mennecy.

42 — Porte-perruque à décor de paysages. Nevers.

43 — Boîte sans couvercle, à sujets militaires, ancienne porcelaine de Saxe.

44 — Canne à béquille ornée d'oiseaux et d'une tête de femme. Saxe.

45 — Fromagère à décor de fleurs, ancienne porcelaine tendre de Sèvres.

46 — Plat rond, en ancienne faïence d'Urbino : le triomphe de Galatée ; fond de collines et d'habitations. Au revers, légende.

47 — Boîte décorée de paysages et de motifs rocaille, en ancienne porcelaine d'Allemagne.

48 — Paire de vases avec couvercles en ancienne porcelaine de Sèvres, pâte dure, à décor de motifs dorés, sur fond bleu. Année 1779. Ors par *Prévost*.

49 — Pot à lait, en ancienne porcelaine tendre de Sèvres, décoré d'une guirlande de laurier et d'une bordure quadrillée. Année 1770.

50 — Deux petites écuelles à anses, avec couvercles et plateaux, en ancienme porcelaine de Saxe, décorées, l'une de paysages animés, l'autre, de sujets orientaux ; les plateaux sont ornés de fleurs ; rehauts d'or.

51 — Deux écuelles, avec couvercles et plateaux, en ancienne porcelaine de Saxe, à décor de groupes d'oiseaux et de guirlandes de fleurs.

52 — Statuette en ancienne porcelaine de Saxe :

Vénus debout, une draperie autour des reins; base à décor d'attributs.

53 — Statuette, même porcelaine : bergère debout, une brebis à ses pieds.

54 — Figurine, même porcelaine : Apollon debout, armé d'un arc.

55 — Béquille de canne, en forme de tête humaine, même porcelaine.

56 — Théière avec couvercle, même porcelaine : décor de compartiments à sujets orientaux et de rinceaux. Marque *K. P. M.*

57 — Vase avec couvercle, orné de fleurs dorées en relief et de cavaliers ; même porcelaine.

58 — Groupe en ancienne porcelaine de Saxe : sujet champêtre à trois personnages, paysanne assise écoutant un berger jouant de la cornemuse, auprès d'eux un enfant s'amusant.

59 — Cartel porte-montre, en forme d'arbuste, en bronze, orné d'une figurine d'enfant assis, en ancienne porcelaine de Saxe.

OBJETS VARIÉS

60 — Deux gravures : Marie-Louise d'Autriche, d'après Vexberg, et « à la nation française les protestants reconnaissants », par Duplessis.

61 — Trois lithographies : un colloque à Genève en 1549 et Napoléon III et l'Impératrice, d'après Winterhalter.

62 — Petit cadre ovale Louis XVI, bois doré : ruban, cartouche et feuillages.

63 — Grand cadre en bois doré.

64 — Deux autres plus petits, en pâte.

65 — Cartel et baromètre en bois doré à vases de fleurs.

66 — Petit support en marbre blanc cannelé, avec graine en bronze doré.

67 — Sept jardinières variées.

68 — Statue de bacchante debout, en marbre blanc.

PENDULES ET BRONZES

69 — Grand vase en porphyre rose et gris sur fût de colonne en porphyre gris ; monture en bronze doré à feuilles d'eau et têtes de faunes et formant candélabre à quinze lumières.

70 — Girandole et deux appliques en bronze garni de cristaux.

71 — Lustre en bronze garni de cristaux.

72 — Girandole en bronze doré à décor de flammes et têtes d'aigles. Style Louis XVI.

73 — Quatre appliques à deux lumières en bronze doré, à décor de thyrses. Style Louis XVI.

74 — Deux lanternes de vestibule en bronze et porte-pelles et pincettes.

75 — Petit lustre garni de cristaux.

76 — Lustre en bronze doré garni de cristaux; décor de vases et feuillages. Commencement du XIXe siècle.

77 — Figurine sur un buffle ; bronze chinois.

78 — Paire de petits flambeaux Louis XV, bronze, décor de cannelures torses.

79 — Paire de petits flambeaux Louis XVI, décorés de feuillages ; bronze.

80 — Deux petits vases Empire, à anses sirènes, bronze ; base en bois noir.

81 — Pendule Empire bronze vert et doré, ornée d'une figurine d'amour, cadran signé : *Lesieur à Paris.*

82 — Paire d'appliques Louis XVI en bronze argenté à cannelures et rubans.

83 — Paire d'appliques Louis XVI en bronze, à cannelures et vases.

84 — Garniture de cheminée, bronze doré et marbre blanc : pendule ornée d'une statuette de femme assise et lisant, et deux candélabres décorés d'amours. Style Louis XVI.

85 — Deux vases en porcelaine blanche, à monture de bronze : anses-volutes et piédouches.

86 — Statuette en bronze : le Conscrit. Signée *Kampf.*

87 — Paire d'appliques à deux lumières en bronze, style Louis XV : motifs rocaille.

88 — Paire d'appliques à deux lumières en bronze, style Louis XVI : guirlandes.

89 — Garniture de cheminée en bronze doré et marbre blanc : pendule à mouvement surmonté d'amours, et deux candélabres à dix lumières, à décor de statuettes d'amours.

90 — Petite pendule en bronze, ornée de trophées et d'une statuette d'amour. Epoque Restauration.

91 — Pendule Louis XVI, sur socle-applique, décorée au vernis, fleurs et attributs, sur fond rouge ; garnitures de bronze.

92 — Statuette de Satyre, debout, en bronze patiné. Ancien travail italien.

93 — Médaillon rond en bronze : Henri IV et Marie de Médicis, par *G. Dupré, 1605*. Cadre en buis sculpté à feuillages.

94 — Paire de flambeaux en bronze doré, en forme de figurines de femmes, debout, du temps de Louis XVI. Base en porphyre.

95 — Paire de candélabres Louis XVI, à quatre lumières, en bronze doré et marbres blanc et bleu-turquin, en forme de vase-trépied, contenant les branches porte-lumières.

SIÈGES ET MEUBLES

96 — Six chaises légères, bois doré, couvertes en satin noir broché.

97 — Deux bois de fauteuils dorés, à fleurettes et moulures, l'un Louis XV, l'autre de style.

98 — Deux fauteuils Louis XV cannés, décor de moulures,

99 — Bois de fauteuil Louis XV, fleurs et moulures.

100 — Autre presque semblable.

101 — Fauteuil Louis XV, à moulures et petits motifs rocaille, siège canné.

102 — Bois de fauteuil Louis XVI, à feuillages et cannelures.

103 — Bois de chaise Louis XVI, acajou, dossier à lyre. Signée : *Jacob.*

104 — Fauteuil Louis XVI, canné, décor de moulures.

105 — Deux chaises, acajou, couvertes en velours jaune ciselé. Commencement du XIXe siècle.

106 — Bois de fauteuil Louis XVI, sculpté, à décor de rangs de piastres ; pieds cannelés.

107 — Bois de bergère en acajou, à accotoirs terminés par des balustres, et à pieds cannelés. Fin du XVIIIe siècle.

108 — Table Louis XIII, à pieds tournés, avec entretoise.

109 — Table Louis XV, bois sculpté, à pieds courbes décorés de feuillages.

110 — Piano carré anglais, caisse en acajou, avec filets de marqueterie.

111 — Bois de lit sculpté, à décor de vases, branches de laurier et colonnettes cannelées. Époque Directoire.

112 — Deux glaces étroites, dans des cadres en bois doré, à motifs rocaille ; fronton ajouré. Époque Régence.

113 — Chaise à dossier à lyre, en bois doré; siège en soie rayée et brochée.

114 — Cinq chaises à dossier à lyre, en bois laqué blanc et or; siège couvert en satin jaune-clair.

115 — Douze chaises en noyer sculpté et rehaussé de dorure, siège et dossier cannés. Genre Louis XV.

116 — Fauteuil en bois doré à croisillon d'entrejambes, couvert en tapisserie au point.

117 — Chaise en acajou, garnie de bronzes dorés à rubans et graines ; elle est couverte de tapisserie au point à fond blanc.

118 — Six chaises légères en acajou couvertes en soie rayée et brochée.

119 — Six chaises en acajou, dossier à colonnettes cannelées; siège canné avec coussins en velours gris ciselé. Style Louis XVI.

120 — Six chaises en bois sculpté, dossier à lyre, siège couvert de panne bleue.

121 — Six fauteuils en bois sculpté, peint vert et doré à motifs rocaille, couverts de velours ciselé.

122 — Meuble de salon, composé de dix chaises et quatre tabourets en bois doré couverts en velours ciselé sur fond jaune. Genre Louis XVI.

123 — Petite table en bois de placage sur pieds tournés reliés par un croisillon.

124 — Guéridon en marqueterie de bois de couleur à dessin rayonnant.

125 — Console-jardinière en bois doré à fond de glace. Dessus de marbre blanc. Style Louis XVI.

126 — Petite vitrine rectangulaire sur table-support en acajou garni de cuivre; elle est vitrée sur toutes ses faces. Style Louis XVI.

127 — Table oblongue en bois doré à pieds carrés et guirlandes de fleurs; croisillon d'entrejambes; dessus de marbre.

128 — Table rectangulaire à trois tiroirs en bois de placage; encadrements, draperies, entrées de serrures de bronze. Dessus de cuir noir.

129 — Table rectangulaire en acajou; encadrements et chutes à feuillages en bronze, pieds cannelés.

130 — Console Louis XVI en acajou, à tablette d'entrejambes et dessus de marbre blanc; poignées, encadrements, galerie, bas-reliefs à décor de lyres, en bronze.

131 — Secrétaire droit Louis XVI, à abattant, portes et tiroir en acajou garni de cuivre. Dessus de marbre.

132 — Banquette en bois doré, accotoirs à médaillon, couverte en soie crème à rayures brochées d'argent.

133 — Fauteuil en bois sculpté Louis XV, couvert en velours brodé à fleurs.

134 — Trois panneaux en tapisserie du XVIIe siècle, présentant, l'un, une statue de Bacchus sous un dais auprès duquel sont placés deux personnages; les autres, des montreurs de bêtes fauves; fond marron orné de draperies et guirlandes; bordures simulant un cadre.

Haut., 2,10; larg., 0,75; 0,80; 2,10.

135 — Rideaux et tentures de velours ciselé.

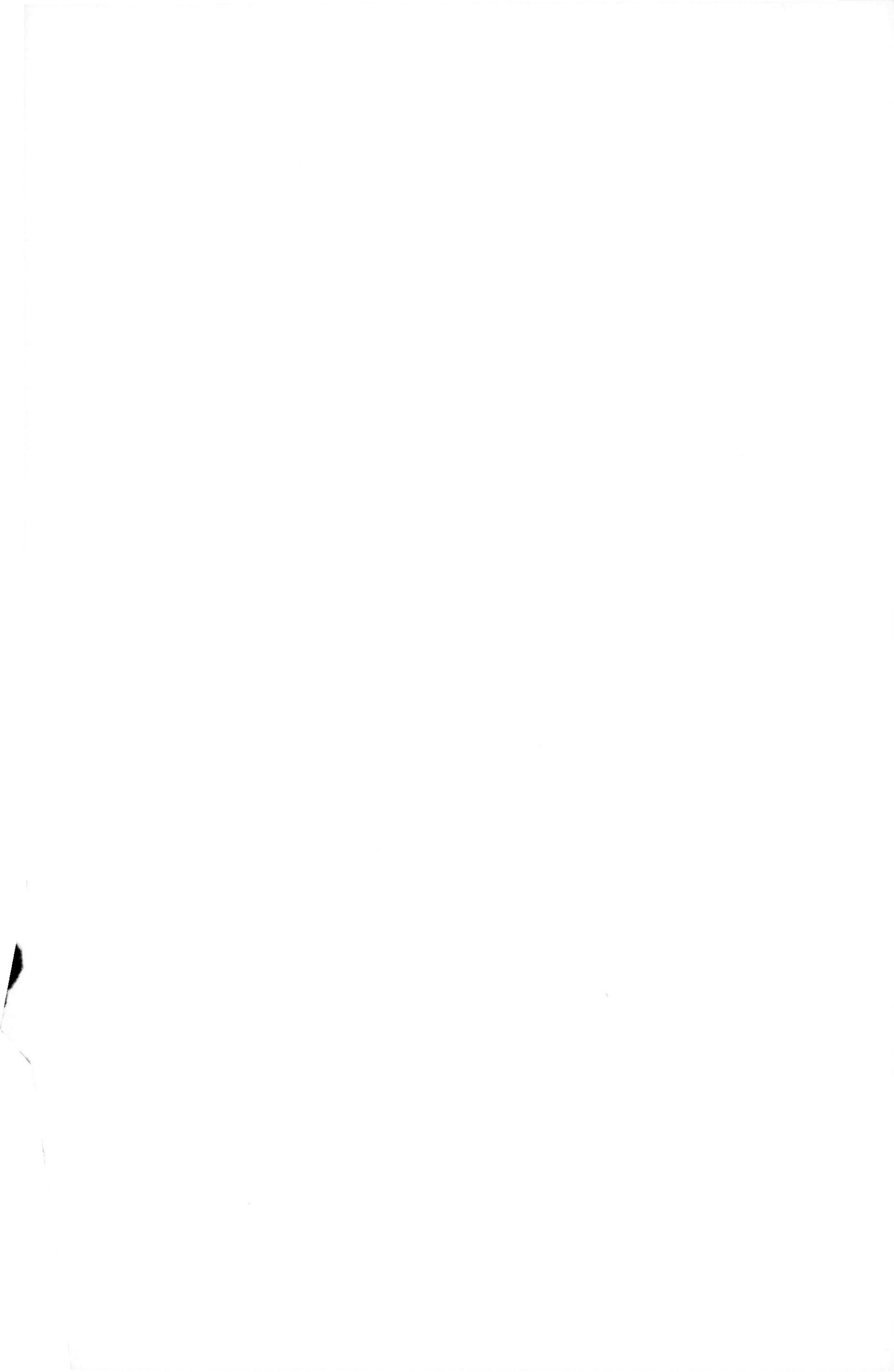

www.ingramcontent.com/pod-product-compliance
Ingram Content Group UK Ltd.
Pitfield, Milton Keynes, MK11 3LW, UK
UKHW020539180726
13839UKWH00006B/2616

9 782329 541150